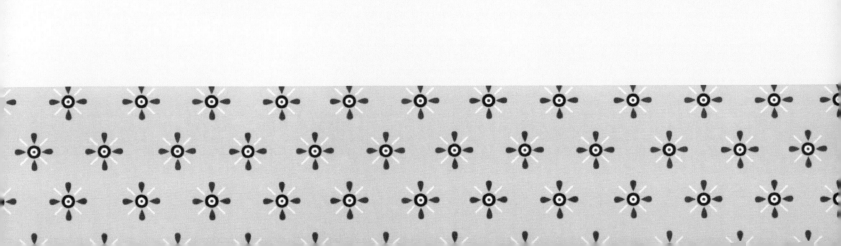

tú y yo hermanos

Elisenda Roca, texto

–

Guridi, ilustraciones

COMBEL

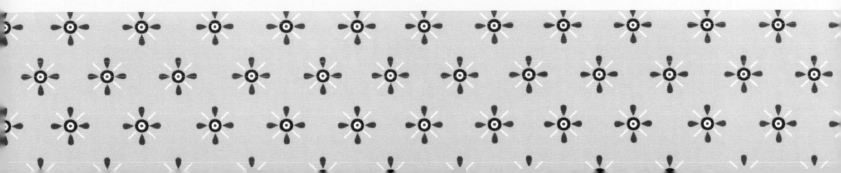

¡Mira! Somos **tú** y **yo**, hermanito.

¿Te acuerdas? ¡Qué chiquitito!

Acababas de llegar a mi lado

y eras el regalo más preciado.

Tan risueño, tan hermoso,

tan dormilón y amoroso.

Con un añito, ya caminabas.

A los dos, ¡fuera pañales!

Siempre **risas a raudales,**

menos cuando berreabas.

Y ahora, ¿sabes qué me pasa?
Que adoro a mi hermano,
pero a veces... **¡no lo trago!**

Y ahora, ¿sabes qué me pasa?

Que adoro a mi hermana,

pero a veces... **¡es muy pesada!**

Todos dicen que es un sol.

Claro, porque no lo ven convertido en el **Rey de la Tormenta.**

Cuando intento leer, él me interrumpe y me desorienta.

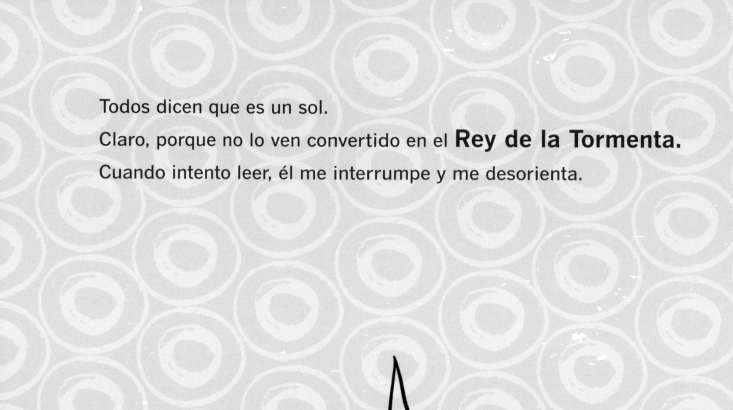

Todos dicen que es una niña muy dulce.

No la han visto transformada en la **Reina Congelada.**

Me riñe diciendo que dejo su habitación desordenada.

Mira, estoy montando un castillo superchulo.

Al poner la última pieza, pienso: «¡Qué bien me ha quedado!».

Pues llega él y en un segundo **¡ya lo ha destrozado!**

¡No es verdad!
Cuando veo que ella monta un castillo muy grande,
yo, por jugar, lo invado con robots, superhéroes y un gigante.
Y ella se queja y se pone a llorar.

Cuando era más peque,
parecía una piraña:
si se enfadaba por algo,
me mordía con saña.

Cuando yo era más peque
y **ella me asustaba,**
con mis dientecitos
la mordisqueaba.

Tengo mis lápices **ordenados** por colores.

Yo los **mezclo** todos como un jardín de flores.

Yo canto canciones **pop.**

Yo siempre bailo **hiphop.**

Él salta jugando con el balón.

Yo prefiero el fútbol y la natación.

Soy tranquila y él es nervioso.

Soy ordenada y él no es cuidadoso.

Estoy aprendiendo a leer y me gusta.

Él garabatea mis libros y eso me disgusta.

Siempre hace **monerías.**

¡Es un mono, noche y día!

Me gusta mucho correr y saltar.

Ella me dice: «¡Para de alborotar!».

Ya ves qué aburrida es.

Antes jugábamos y era divertido.

Ahora le molesta que sea tan crío.

Me gustan los cómics y dibujar.

Así que no paro de garabatear.

Pero ella siempre se enfada.

¡Es más pesada que **una elefanta!**

A veces hacemos **guerras de almohadas.**
Reímos y saltamos sobre nuestras camas.

Pero el juego nunca termina bien.
Y si ella llora, **yo también.**

Cuando algo sale del revés,
los dos gritamos a la vez:

–¡Ha sido él!

–¡Ha sido ella!

Sabemos que sería mejor confesar:
«Lo hemos hecho los dos sin querer».
Pero nunca nos sale. ¡Ni hablar!

Pero, a veces, coincidimos más de lo que parece.

Si me dan a elegir, **prefiero el verano.**

Mira, ¿ves? A mí me gusta **también.**

No llevar abrigos ni guantes en las manos.

Ir cada día a la playa. ¡Oh, qué bien!

Recoger caracolas y piedras bonitas.

¡Tirarnos de bomba a la piscina!

No me gusta que los mayores hagan comparaciones.

Quién de los dos hace cosas mejores y peores.

No me gusta sentirme inferior.

Pues a mí **tampoco,** no.

–¿Quieres que te diga la verdad?
Cuando te fuiste unos días noté **la soledad.**

–Pues cuando tú te fuiste de campamento,
pensaba en ti a cada momento.

Si tengo una pesadilla, te llamo
y siempre acudes a mi cama.
Me abrazas **y todo pasa.**
¡Qué bien me siento a tu lado!

Nos gusta

pasear juntos a nuestro perro Dog.
Y siempre jugamos con él, **tú y yo.**

Nos gusta

acariciar a nuestro gato,
aunque yo siempre termine arañado.

Porque le das unos manotazos...
Se asusta y por eso te da arañazos.

–Hermanito, tu risa es contagiosa.

–Me gusta como bailas, porque eres hermosa.

–Siempre estaré a tu lado, pequeñuelo.

–Y yo también, porque
te quiero.

–¡Qué desbarajuste! ¿Quién rompió esta estrella?

–¡Ha sido él!

–¡Ha sido ella!

Combel Editorial es un sello de Editorial Casals, SA

© 2020, Elisenda Roca por el texto

© 2020, Raúl Guridi por las ilustraciones

© 2020, de esta edición, Editorial Casals, SA

Casp, 79 – 08013 Barcelona

combeleditorial.com

Diseño gráfico: Estudi Miquel Puig

Tercera edición: septiembre de 2023

ISBN: 978-84-9101-617-5

Depósito legal: B-10002-2020

Printed in Spain

Impreso en Indice, SL

Calle D, 36 (Zona Franca) – 08040 Barcelona